MAXIMIZA TU POTENCIAL INTELECTUAL

El abecé para explotar
tu capacidad intelectual

Por Maïlys Charlier

Traducido por Laura Soler Pinson

CÓMO MAXIMIZAR EL POTENCIAL INTELECTUAL

- **¿Problemática?** ¿Cuáles son las técnicas que permiten maximizar nuestro potencial intelectual?
- **¿Utilidad?** Ser capaz de movilizar todas las capacidades de nuestro cerebro para trabajar con rapidez, con eficacia y cometiendo el mínimo de errores posible.
- **¿Contexto profesional?** Desarrollo profesional, obtener un puesto con responsabilidades, gestionar un equipo o un proyecto, tormenta de ideas, desarrollo personal, creatividad profesional.
- **¿Preguntas frecuentes?**
  - ¿Qué comportamiento debo adoptar para cuidar de mi cerebro en el día a día?
  - ¿Por qué es más fácil aprender cuando somos jóvenes?
  - ¿Por qué es importante ejercitar mi cerebro?
  - ¿Son realmente eficaces los juegos de entrenamiento cerebral?
  - ¿Es peligroso recurrir a medicamentos para mejorar mis capacidades mentales si no padezco ninguna enfermedad?
  - ¿En cuánto tiempo puedo constatar una mejora de mis competencias intelectuales?
  - ¿Mi manera de pensar depende de mi utilización preferente del hemisferio derecho o izquierdo?

El ser humano, como todos sabemos, solo utiliza un 10 % de su capacidad cerebral. ¿Pero qué hay de cierto en todo esto? Esta observación, que se atribuye a Albert Einstein (físico alemán, 1879-1955), se basa en el hecho de que, aunque usamos todas nuestras neuronas a lo largo del día, no las activamos al mismo tiempo. Además, existen miles de conexiones posibles entre ellas.

Por consiguiente, ¿podemos incrementar este porcentaje y desarrollar nuestras capacidades mentales? ¿Podemos reprogramar nuestro cerebro? Dicho de otra manera, ¿podemos neutralizar nuestros mecanismos y cambiar nuestra manera de ponerlo en funcionamiento? Este órgano, que se asemeja a una herramienta informática, funciona de una manera muy compleja; de hecho, los científicos (todavía) desconocen sus límites. Es fundamental en el día a día, ya que nos permite memorizar, aprender, actuar, interpretar, comer, respirar... en definitiva, vivir. Nuestro cerebro se adapta constantemente; de hecho, puede modificarse y remodelarse a cualquier edad creando nuevas neuronas y evoluciona sin cesar en función de nuestras experiencias personales.

En su obra *Psycho-Cybernetics*, Maxwell Maltz (médico y autor estadounidense, 1899-1975) afirma que el cerebro estaría conformado por un mecanismo de éxito que bastaría con activar como un botón para sacar provecho de nuestras capacidades y alcanzar nuestros objetivos. Al funcionar como un músculo, solo habría que ejercitar este órgano y cuidarlo para permitir que nuestra inteligencia evolucione. El estadounidense William James (fundador de la psicología moderna, 1842-1910) explica que «el ser humano es capaz de controlar su vida guiando sus pensamientos»[1]. Partiendo de esa base, ¿cómo podemos desarrollar esa inteligencia suplementaria? ¿Qué ejercicios y qué mantenimiento necesita nuestro cerebro para funcionar de manera óptima? ¿Cómo activar este mecanismo de éxito? En 50 minutos, este libro te orientará a través de las distintas etapas que te permitirán maximizar tu potencial intelectual y explotar mejor tu mente.

---

1. Todas las citas han sido traducidas por 50Minutos.es

EL ABECÉ DE UN CEREBRO BIEN APROVECHADO

¿De qué está hecho nuestro cerebro?

El cerebro es el órgano central del sistema nervioso. Su función es controlar la motricidad de nuestro cuerpo y garantizar nuestras funciones cognitivas. Se compone de dos hemisferios:

- **el hemisferio izquierdo** rige el lenguaje tal y como descubre Paul Broca (neurólogo francés, 1824-1880) en 1861. Es también la sede de la lógica, del razonamiento, del cálculo y de la inteligencia;
- **el hemisferio derecho**, tal y como lo demuestra Roger Wolcott Sperry (neurofisiólogo estadounidense, 1913-1994) en los años sesenta, gestiona el espacio, la inteligencia global, la intuición y el sentido artístico. Este especialista pone de relieve sobre todo el hecho de que cada información nueva pasa por este lado. Por lo tanto, efectuamos nuestro aprendizaje con este hemisferio, mientras que el izquierdo asimila y almacena los datos.

ALGUNAS OBSERVACIONES SOBRE EL CEREBRO

- Es el órgano mejor protegido del cuerpo gracias al cráneo.
- Pesa más de un kilogramo en el adulto.
- Está formado por entre 86 y 100 mil millones de

- células nerviosas, llamadas neuronas.
- Se alimenta principalmente de glucosa y de oxígeno.
- Está compuesto por un 60 % de grasa.
- Las neuronas se comunican entre ellas con señales eléctricas gracias a las sinapsis (zonas de conexión entre dos neuronas). Estos impulsos nerviosos producen sustancias químicas, llamadas «neurotransmisores».

La neuroplasticidad

La neuroplasticidad designa la capacidad de nuestras neuronas para adaptarse a todo cambio en su entorno, ya sean modificaciones de nuestro organismo interno o de nuevos parámetros externos que han aparecido en nuestra vida. Esta aptitud pasa por dos procesos: la creación de nuevas neuronas (la neurogénesis) y la supresión de conexiones ineficaces o menos útiles (la poda sináptica) que permite que otras se refuercen.

A lo largo de nuestra existencia, almacenamos creencias e ideas que, al ser repetidas constantemente, producen conexiones neuronales. Estas últimas se van fortaleciendo a medida que se reproduce la información. Así es como se crea nuestra programación mental. Para modificarla, debemos romper con nuestras costumbres y cambiar nuestras creencias. Así, el cerebro es capaz de crear o de reorganizar las neuronas y sus interconexiones en función de nuestras experiencias afectivas, físicas y cognitivas. No obstante, no es tan fácil, puesto que estos pensamientos son complejos y son el resultado de un conjunto de elementos variados (vista, olor, ruido, gusto, emoción, ambiente, etc.). Aunque esta plasticidad cerebral se desarrolla de una manera mucho más natural durante la infancia que durante la adultez, es posible que tenga lugar en adultos si ejercitamos nuestro cerebro con diferentes actividades y adoptamos los comportamientos oportunos.

REPROGRAMAR NUESTRO CEREBRO

El cerebro está conformado por distintas partes: el consciente, el preconsciente (que sirve de nexo entre el consciente y el inconsciente), el inconsciente y el subconsciente. Este último graba la información que recibimos y las experiencias que vivimos. Al contrario de lo que le ocurre al consciente, que está ligado a una actividad mental controlada, el subconsciente está relacionado con una actividad mental incontrolada, dentro del inconsciente. Estas cuatro partes están íntimamente vinculadas y tienen efecto las unas sobre las otras. Con la información que el consciente recupera cada día, el subconsciente moldea nuestras costumbres, nuestros reflejos, nuestros miedos y nuestras creencias. Finalmente es él quien programa nuestro cerebro a través de nuestros pensamientos.

Así lo afirma Sylvain Wealth en su artículo *Je me suis donné 1 an pour reprogrammer mon cerveau* («Me he dado 1 año para reprogramar mi cerebro»): «Los pensamientos llevan a las acciones y las acciones crean las costumbres». A pesar de que estas últimas son extremadamente útiles en nuestra vida diaria, a veces también influyen sobre nuestro cerebro de manera nefasta según nuestras experiencias, y pueden obstaculizar la evolución positiva de nuestro intelecto. Así, un mejor uso de nuestras capacidades mentales pasa en parte por el cambio en nuestra manera de pensar y por la «reprogramación» de nuestro subconsciente enfocándolo hacia la plenitud y, por lo tanto, hacia el éxito.

Las técnicas de reprogramación

- **Visualización creativa:** cuando debes afrontar un reto, un desafío o una reunión importante, visualiza mentalmente los objetivos que deseas alcanzar. Efectúa este ejercicio preferiblemente justo antes de dormir. Sitúate en el futuro y deja que te invadan las emociones positivas que has sentido durante esta proyección. Esta práctica te ayudará a expulsar los pensamientos negativos y a acercarte a tus objetivos.
- **Afirmación positiva:** para poner toda la suerte de tu lado e iniciar bien el día, empieza por repetir en voz alta algunas frases positivas: «Soy un ser extraordinario», «Soy un líder» o «Voy a lograrlo». Mediante este procedimiento, aumentarás tu confianza y programarás a tu subconsciente para el éxito. Esto también funciona en tu entorno de trabajo: decóralo y organízalo de manera positiva, colocando frases o fotos que te motivan.
- **Hipnosis y EMDR (siglas en inglés de Desensibilización y Reprocesamiento por los Movimientos Oculares):** estas técnicas permiten desbloquear un recuerdo traumático de manera inconsciente y resolverlo para poder avanzar.

EL EMDR

La Desensibilización y Reprocesamiento por los Movimientos Oculares, que se basa en el movimiento de los ojos para curar la mente, fue implementado por la psicóloga estadounidense Francine Shapiro (nacida en 1948) en los años ochenta. Esta teoría se apoya en la constatación de que, por lo general, la palabra no basta para liberarse de un trauma. Hay que recurrir al conjunto de nuestros sistemas de representación (percepciones, cogniciones, emociones, sensaciones corporales) para sumergirse de nuevo en un recuerdo traumático y poder cambiar así nuestra relación con él. Para lograrlo, es muy útil una estimulación sensorial como el movimiento ocular, con el que se crearían nuevas conexiones que sustituyen el sentimiento de trauma por unas emociones más calmadas.

- **Terapia cognitiva o comportamental:** cada terapia posee su propia técnica, pero todas tienen el mismo objetivo, que es que el cerebro parta sobre unas nuevas bases. Estos tratamientos se basan en la corrección de pensamientos negativos y en el aprendizaje de comportamientos adaptados.
- **Programación subliminal:** se trata de escuchar a intervalos regulares grabaciones de audio que encierran mensajes subliminales y que se dirigen directamente a tu subconsciente.
- **La autosugestión:** no solo se apoya en frases que se repiten sin parar para que alcancemos nuestro objetivo,

sino también —y principalmente— en la actitud que empleamos para lograrlo. Así, si buscas tener confianza en ti, empieza por adoptar una postura corporal y un tono de voz adecuados.

- **La autohipnosis:** antes de entrar en fase de hipnosis, concéntrate en tu respiración, relájate y repite varias veces una frase de autosugestión positiva vinculada a tus objetivos. Esta arraigará en tu subconsciente durante el ejercicio.
- ***Reframing*:** el concepto de realidad es personal y depende de nuestras sensaciones, de nuestras experiencias, de nuestra autoestima y de la confianza que tenemos en nosotros mismos. Cuando sucede un acontecimiento en la existencia de una persona, esta lo interpreta en función de su visión de la realidad. La idea de «*reframing*» consiste en descifrar estos sucesos fuera de este marco particular, tomando la mayor distancia posible y teniendo en cuenta datos que no están relacionados con nosotros. Al dar una nueva versión a la realidad, la persona adoptará una actitud más positiva y más abierta a los acontecimientos externos y a las personas que la rodean. Cuando utilizamos esta técnica, reprogramamos nuestro cerebro, lo que permite que utilicemos mejor nuestras capacidades mentales.

MECANISMO INTERNO DE ÉXITO

Según Maxwell Maltz, reprogramar nuestro cerebro puede llevarse a cabo interviniendo sobre nuestro «mecanismo de éxito», un proceso interno que está presente en todo individuo. Para ello, bastaría con orientar nuestros pensamientos y proporcionar nuevos datos a nuestro cerebro. Nuestras experiencias moldean nuestro intelecto, y el «mecanismo de éxito» señalado por el doctor Maltz se basa en ellas. Así, crear una imagen mental precisa de tu objetivo como si se tratara de una experiencia que has vivido realmente permitirá a tu cerebro activar este proceso: interpretará entonces esta representación como un dato real.

Los límites mentales

Los límites mentales o creencias limitantes son obstáculos que nos imponemos de manera consciente o inconsciente: «No presento mi candidatura para este puesto porque no estoy a la altura», «Nunca lograré aprender un nuevo idioma porque no soy suficientemente inteligente», etc. Estas creencias que hemos interiorizado como verdades proceden de experiencias personales, de la familia o de la sociedad. Por consiguiente, para que nuestro cerebro evoluciones, es importante que nos libremos de estos límites mentales, que frenan el desarrollo intelectual. Para ello, debemos neutralizar estas restricciones arraigadas en lo más profundo de nuestro ser gracias a afirmaciones curativas como «Tengo las capacidades para ocupar este puesto» o «Tengo todas las cualidades que corresponden a este puesto». Cuanto más repitas estas afirmaciones, más superarás estos obstáculos que te alejan de tu objetivo.

LA PNL

Las creencias que almacenamos como consecuencia de nuestras experiencias influyen en nuestra manera de pensar y de comportarnos. No obstante, podemos utilizar conscientemente este material almacenado en nuestro cerebro. En este contexto, los estadounidenses John Grinder (lingüista, nacido en 1940) y Richard Bandler (psicólogo, nacido en 1950) crearon la programación neurolingüística, que tiene por objetivo comprender la comunicación entre las personas y las relaciones entre lenguaje y pensamiento. La PNL permite, entre otros, señalar las barreras de un individuo y modificar sus creencias para ayudarlo a mejorar.

TÉCNICAS PARA OPTIMIZAR NUESTRAS CAPACIDADES

Una gimnasia cerebral

El cerebro es como un músculo, necesita ejercitarse para mejorar sus capacidades. Así, la clave reside en un aprendizaje continuo. Adquirir nuevos conocimientos permite crear nuevas conexiones sinápticas y reforzar las que ya existen. Para Donald Hebb (neuropsicólogo canadiense, 1904-1985), cuanto más activas están nuestras neuronas, más fácilmente se conectan. A partir de ahí, el aprendizaje se automatiza y requiere menos esfuerzos por nuestra parte. Así sucede, sobre todo, cuando empezamos a aprender un idioma: cuanto más hablamos, más facilidades tenemos para expresarnos. Por el contrario, si no lo practicamos, las conexiones sinápticas pierden fuerza, como nuestros músculos cuando dejamos de hacer deporte, y olvidamos lo que habíamos adquirido.

La memoria es fundamental en todo proceso de aprendizaje (un deporte, un instrumento de música, una lengua, etc.), puesto que permite almacenar y más tarde recordar la información que hemos aprendido. Existen tres tipos:

- **la memoria sensorial** trata toda la información que nos llega en nuestro día a día gracias a nuestros cinco sentidos. Estos datos se retienen durante un brevísimo lapso de tiempo (unos segundos) y se transmiten a la memoria a corto plazo si los consideramos relevantes;
- **la memoria a corto plazo** graba una cantidad limitada de información retenida durante un periodo limitado (menos de un minuto);
- **la memoria a largo plazo** archiva los acontecimientos importantes de nuestra vida y conforma nuestro almacén de conocimientos. Es ilimitada pero, desgraciadamente, no es infalible.

Efectúa durante unos minutos cada día un aerobic mental para desarrollar tus capacidades. Estimula tu memoria inmediata aprendiéndote un extracto de un poema, algunas citas o, simplemente, un número de teléfono mediante métodos mnemotécnicos. Ejercita tu capacidad de observación reproduciendo en tu mente un esquema, una foto o una escena que ya has visto. Para acabar, cultiva tu lógica completando una serie lógica o haciendo sudokus. Gracias a esta gimnasia, tu cerebro estará más alerta.

Una alimentación adaptada

Cada día, nuestro cerebro gasta entre un 15 y un 20 % de nuestra energía. Por lo tanto, para funcionar correctamente, necesita nutrientes específicos. Un régimen variado y equilibrado constituye una de las bases del desarrollo de nuestras capacidades mentales. Así, te presentamos a continuación una lista con los alimentos a los que debes dar prioridad.

- **Los alimentos con un índice glicémico (IG)** bajo proporcionan la energía necesaria para aguantar todo el día gracias a su aporte de glucosa. Hablamos de la mayor parte de las frutas, las verduras y los cereales integrales.
- **Los productos lácteos** aportan las proteínas necesarias para el funcionamiento del cerebro, pero también las vitaminas B2 y B12, vitales para el desarrollo intelectual.
- **Las bayas** (moras, arándanos, frambuesas, grosellas, etc.) **y los cítricos** (limones, pomelos, naranjas) ricos en antioxidantes que ralentizan el envejecimiento cerebral.
- **Los alimentos ricos en vitaminas B6 y B9** eliminan la homocisteína, un aminoácido tóxico para las neuronas. Se encuentran sobre todo en la casquería, en las leguminosas y en las verduras de hoja verde.

- **El aguacate**, rico en vitamina E, dilata los vasos sanguíneos, por lo que mejora la circulación.
- **Los huevos** tienen muchas vitaminas A, D y E, además de vitaminas B (B2, B5, B9 o folatos, y B12), pero también colina, que interviene en el desarrollo del cerebro.
- **Los brócolis y las espinacas** contienen vitamina K, esencial para el funcionamiento del sistema cerebral.
- **Los ácidos grasos y los omega 3**, presentes sobre todo en el pescado, mejoran las funciones cognitivas del cerebro.
- **El té verde**, que produce dopamina, tiene un impacto positivo en la memoria y disminuye el cansancio cerebral.
- **Las especias naturales** como el ginseng, el hipérico, la cúrcuma y el ginkgo biloba, así como algunas finas hierbas como la salvia o el romero, estimulan nuestras capacidades cerebrales, entre las que se encuentran la memoria, la concentración y el aprendizaje.

MUÉVETE PARA PENSAR MEJOR

Practicar un deporte con regularidad también estimula las capacidades del cerebro. En efecto, la actividad física acelera el aflujo de sangre hacia el cerebro y aumenta así el aporte de oxígeno y de glucosa. El deporte permite igualmente liberar una sustancia llamada «factor neurotrófico derivado del cerebro» (BDNF, por sus siglas en inglés), cuyo objetivo es crear y conservar las neuronas.

Por el contrario, no se recomiendan los siguientes alimentos, estemos hablando de manera general o en el marco de un deseo consciente de mejora de nuestras capacidades intelectuales.

- Debemos desterrar **las grasas saturadas**, que hallamos en productos como los fritos, la charcutería o las patatas fritas. Por consiguiente, prohíbe la comida rápida, demasiado grasienta, que disminuirá tu dopamina, una sustancia responsable de tu sentimiento de bienestar.
- **Los azúcares refinados** (jarabe de maíz, azúcar de caña blanco y moreno, fructosa), presentes en los refrescos y en los zumos industriales, no aportan ningún elemento nutritivo, ralentizan el cerebro y pueden causar problemas de memoria. Opta por el azúcar integral o la miel.
- Lo mismo ocurre con **los edulcorantes artificiales**, como el aspartamo, que pueden generar lesiones cerebrales. En su lugar, consume cantidades moderadas de azúcar no refinado.
- **Los pesticidas**, presentes en las frutas y en las verduras, también son peligrosos para tu cerebro y para todo el cuerpo. No olvides nunca lavar bien estas piezas antes de ingerirlas. Incluso puedes dejarlas a remojo durante unos minutos para quitar todas las sustancias químicas.
- **El alcohol** altera nuestra capacidad de discernimiento y conlleva trastornos de memoria.
- **El tabaco** no solo es nocivo para tus pulmones, sino también para tu cerebro.

¿SABÍAS QUE...?

Una alimentación equilibrada destinada a estimular nuestro intelecto solo dará resultado si va acompañada de ejercicios cerebrales diarios.

La meditación frente al estrés

La acumulación del estrés y del cansancio es nefasta para tus neuronas y para tu memoria. Además, las tensiones pueden llevar a efectos negativos sobre el lenguaje y el pensamiento. Por consiguiente, muestra cautela con este tema. Si constatas que sufres pérdidas de memoria u olvidos importantes, pregúntate si duermes lo suficiente o si estás angustiado o estresado por algún hecho en particular.

Una forma simple —y al alcance de todo el mundo— de solventar esta situación y de optimizar nuestro potencial intelectual es la meditación. La ansiedad y el estrés disminuyen, mientras que el sueño y, por lo tanto, la concentración mejoran. Además, la meditación activa la corteza prefrontal izquierda, asociada a las emociones positivas. Según el psicólogo estadounidense Daniel Goleman (nacido en 1946), la meditación, «verdadero ejercicio mental, es capaz de desprogramar reflejos innatos». En 1998, su compatriota Paul Ekman (nacido en 1934) llevó a cabo un experimento con un monje budista: en plena sesión de meditación, el profesor intentó asustarlo con un ruido ensordecedor. Sin embargo, el monje no movió ni un músculo, ni siquiera protestó. El experimento demuestra hasta qué punto la meditación puede permitir que un individuo domine su capacidad mental.

Los medicamentos

Existen estimulantes que pueden ejercer una influencia en nuestras capacidades intelectuales. Estos medicamentos producen neurotransmisores (dopamina y serotonina) que actúan directamente en la memoria y en la circulación sanguínea.

- El Ritalín o el Adderall, utilizados en términos generales para curar trastornos de la atención, mejoran la concentración y permiten una mejor asimilación de información.
- El Modafinilo se prescribe en el tratamiento contra la narcolepsia. Este medicamento estimula la secreción de histamina, un neurotransmisor del despertar. Sin embargo, la falta de sueño impide la asimilación correcta de información.
- La Centrofenoxina, desarrollada en 1959, aumenta el aporte de glucosa y de oxígeno al cerebro, por lo que estimula las funciones cerebrales. También posee propiedades antioxidantes.
- Los nootrópicos, como el DMAE, son sustancias destinadas a mejorar el rendimiento cognitivo que, al parecer, no causan efectos nocivos (o apenas). Pueden presentarse como simples suplementos nutritivo (colina, L-tirosina), como medicamentos, como plantas (L-teanina, bacopa) o como moléculas.

¡Atención! No juegues con tu salud y consulta a un médico antes de tomar estos medicamentos. De todas formas, la mayoría necesitan una receta. Existen varias escuelas, y algunos especialistas se mostrarán más reacios que otros a utilizar este tipo de fármacos. No olvides que pueden acarrear efectos secundarios. Consulta a tu médico generalista y lee atentamente el prospecto antes de cualquier ingesta.

LOS MEJORES CONSEJOS

- **Trabaja tu rapidez mental**. La tecnología actual ha propiciado que nos acostumbremos a no utilizar nuestra memoria o nuestras capacidades intelectuales. Los teléfonos móviles con calculadora y agenda electrónica integrados, los GPS, los ordenadores, las enciclopedias y los traductores en línea son los enemigos de nuestro cerebro. Estas herramientas lo vuelven perezoso, sin contar el estrés que pueden generar.
- **Fíjate objetivos precisos y realistas**. No sitúes el listón demasiado alto desde el principio: tu objetivo debe adaptarse a tus capacidades actuales porque, de lo contrario, te desanimarás rápidamente. Aumenta progresivamente el nivel de dificultad duplicando una tarea o disminuyendo el tiempo necesario para su ejecución, por ejemplo.
- **Plantéate las preguntas adecuadas**. Tu cerebro responde a cada pregunta que piensas, incluso si esta no procede. Por lo tanto, es importante que te preguntes qué es realmente importante, y debes hacerlo de la manera más positiva que puedas. Así, no te preguntes por qué fracasas, sino más bien cómo actuar para alcanzar el éxito.
- **Sal de tu rutina**. Esto te ayudará a mantener el interés y, por lo tanto, la concentración. Además, así evitarás que tu cerebro encienda el piloto automático y se vea obligado a trabajar.
- **Practica para efectuar varias cosas a la vez**. Trabajar en diferentes tareas a la vez activará tu memoria inmediata. Empieza por actividades habituales y simples. Estos

pequeños ejercicios te llevarán a responder a distintos retos.

- **Ten una actitud positiva**. Cuantos más pensamientos positivos y entusiastas invadan tu mente, más arraigado estará tu objetivo en tu subconsciente.
- **¡Juega!** Si consideras que aprender es un trabajo pesado, trabaja tu capacidad mental con ejercicios lúdicos. Así, desarrollarás tu intelecto sin forzarte mediante rompecabezas, sudokus y juegos de cartas cuando estés solo, y con el Risk, el Monopoly, el cuatro en raya, el ajedrez y otros cuando seáis varios. Encuentra el juego que mejor se adapte a tu inteligencia.

con demasiada frecuencia provocaría dependencia.

PREGUNTAS FRECUENTES

¿QUÉ COMPORTAMIENTO DEBO ADOPTAR PARA CUIDAR DE MI CEREBRO EN EL DÍA A DÍA?

Existen unos sencillos gestos que te permitirán ocuparte correctamente de tu cerebro:

- es fundamental llevar una alimentación sana, pero también es importante que no descuides algunos alimentos que favorecen el buen funcionamiento cerebral, como los omega 3, presentes por ejemplo en los frutos secos (almendras, nueces, avellanas), y los omega 6, que encontramos sobre todo en los aceites vegetales y en las semillas;
- hay que mantenerse en un proceso de aprendizaje, puesto que cuantos más conocimientos adquirimos, más fácil nos resultará aprender;
- debemos utilizar nuestro cerebro lo más a menudo posible. Olvídate de la calculadora de tu teléfono, de la agenda electrónica y del GPS. Explota tu memoria, calcula mentalmente y confía en tu sentido de la orientación;
- duerme las horas suficientes. Se requiere un mínimo de siete horas por noche para un cerebro sano;
- bebe al menos un litro y medio de agua al día y una cantidad superior si practicas un deporte o si es época de calor. Hidratarse correctamente es necesario para la actividad neurológica del cerebro;
- consume antioxidantes. Estos permiten una mejor oxige-

nación del cerebro y ralentizan su envejecimiento.

¿POR QUÉ ES MÁS FÁCIL APRENDER CUANDO SOMOS JÓVENES?

Cuando somos jóvenes, las conexiones sinápticas son más numerosas y más rápidas. Además, nuestro subconsciente todavía no ha fijado creencias limitantes. Por lo tanto, no existen (casi) obstáculos para integrar nueva información. También la concentración y la memoria son más eficaces.

¿POR QUÉ ES IMPORTANTE EJERCITAR MI CEREBRO?

El cerebro es como un músculo. Por lo tanto, hay que seguir ejercitándolo para no perder nada de nuestro aprendizaje. En efecto, si dejas de hablar una lengua, acabarás olvidándola, por ejemplo. Por consiguiente, es necesario practicarla para ejercitar nuestro cerebro regularmente. Los ejercicios cerebrales también permiten que las conexiones sinápticas se mantengan activas y, por lo tanto, que las neuronas reaccionen con mayor facilidad y rapidez.

¿SON REALMENTE EFICACES LOS JUEGOS DE ENTRENAMIENTO CEREBRAL?

Los juegos de entrenamiento cerebral, como el Brain Gym o los mapas conceptuales, son eficaces, puesto que mejoran la comunicación entre los dos hemisferios de nuestro cerebro. Esto facilita el aprendizaje y fortalece a este último, que contará con una mayor plasticidad, lo que permitirá que optimices tus capacidades mentales.

¿ES PELIGROSO RECURRIR A MEDICAMENTOS PARA MEJORAR MIS CAPACIDADES MENTALES SI NO PADEZCO NINGUNA ENFERMEDAD?

Toma medicamentos solo cuando tu médico te lo aconseje y cuando tus facultades intelectuales sufran algún trastorno (concentración, memoria, etc.). Si el fármaco está aprobado, no existen (apenas) riesgos. No obstante, lee con atención el prospecto y vigila la aparición de posibles efectos secundarios.

¿EN CUÁNTO TIEMPO PUEDO CONSTATAR UNA MEJORA DE MIS COMPETENCIAS INTELECTUALES?

Como ocurre cuando nos entrenamos, no basta con una sesión de deporte para constatar unos resultados alentadores. Ármate de paciencia: el cerebro funciona como un músculo, por lo que sentirás las mejoras tras varias semanas o varios meses de ejercicio.

¿MI MANERA DE PENSAR DEPENDE DE MI UTILIZACIÓN PREFERENTE DEL HEMISFERIO DERECHO O IZQUIERDO?

La mayor parte de la gente utiliza más fácilmente el hemisferio izquierdo, el del lenguaje. Sin embargo, en cuanto entran en la ecuación el instinto y las emociones, es la parte derecha la que se activa. Por consiguiente, las personas más emotivas y más instintivas usan más bien esta zona; no funcionan siguiendo la misma inteligencia ni la misma lógica que las personas que emplean la otra mitad de su cerebro.

¡AHORA ES TU TURNO!

LOS MAPAS MENTALES O *MIND MAPPING*

Este ejercicio consiste en asociar ideas dibujando un árbol. Sitúa en el centro una palabra o un dibujo y une todo tipo de ideas. Utiliza un color y un tamaño diferente para cada pensamiento. El objetivo es efectuar un máximo de conexiones y dejarse llevar por la creatividad. El interés del mapa mental reside en que favorece la comunicación entre los dos hemisferios del cerebro: las palabras y su organización recurren al lado izquierdo, mientras que los colores, las imágenes y la visión global del esquema apelan al derecho.

BRAIN GYM

Brain Gym, elaborado por el experto en educación Paul Dennison, propone ejercicios para desarrollar las capacidades de aprendizaje. Practica con unos simples movimientos:

- Caminar en el sitio tocando la rodilla izquierda con la mano derecha y viceversa. Esto permite un intercambio mejor entre los dos hemisferios.
- Dibujar el símbolo del infinito con los ojos estimula la concentración y la memorización.
- Cruzar los tobillos y las muñecas y entrelazar los dedos. Este contacto cruzado aumenta la capacidad de atención y de escucha.

Imagínate mentalmente mientras alcanzas tus objetivos, como si los estuvieras tocando con los dedos. Con un poco de práctica, tu cerebro no distinguirá entre esta imagen y la realidad y, por lo tanto, estará condicionado positivamente. Así, la víspera de tu primer día en un puesto nuevo o de una reunión importante, recrea en tu cabeza una imagen optimista del momento, pensando en los detalles (sonidos, colores, imágenes, olores, emociones). De esta manera, tu mente se verá condicionada para que el día se desarrolle tal y como lo imaginaste. Aumenta tu autoconfianza y pon toda la suerte de tu lado.

¡Tu opinión nos interesa!
¡Deja un comentario en la página web de tu librería en línea,
y comparte tus favoritos en las redes sociales!

PARA IR MÁS ALLÁ

FUENTES BIBLIOGRÁFICAS

- Agid, Yves. 2014. "Comprendre le cerveau et son fonctionnement". *ICM*. 1 de marzo. Consultado el 24 de noviembre de 2016. http://icm-institute.org/fr/actualite/comprendre-le-cerveau-et-son-fonctionnement/
- Bandler, Richard y John Grinder. 1975. *The structure of magic: a book about language and therapy*. Palo Alto: Science & Behavior Books.
- Bartczak, Sophie. 2013. "Utilisons-nous seulement 10 % de notre cerveau?". *Le Point*. 29 de marzo. Consultado el 28 de noviembre de 2016. http://www.lepoint.fr/sante/utilisons-nous-seulement-10-de-notre-cerveau-29-03-2013-1647342_40.php
- Césaire, Janine. 2013. "Quatre techniques pour exploiter la magnifique puissance de votre subconscient". *Le blog des méthodes douces*. 25 de enero. Consultado el 24 de noviembre de 2016. http://methodes-douces-et-bien-etre.com/epanouissement-personnel-3/4-techniques-pour-exploiter-la-magnifique-puissance-de-votre-subconscient/
- Christine, Marie. 2011. "Comment utiliser le pouvoir de nos cerveaux droit et gauche pour un résultat maximum". *Vivre ses talents*. 23 de abril. Consultado el 24 de noviembre de 2016. http://www.vivresestalents.fr/mental/comment-utiliser-le-pouvoir-de-nos-cerveaux-droit-et-gauche-pour-un-resultat-maximum/
- "Comment la neuroplasticité peut changer votre vie". *Surpassez-vous*. Consultado el 4 de octubre de 2015.

http://www.surpassez-vous.com/la-pensee-positive/
la-%20neuroplasticite-changer-votre-vie/

- Dalla Costa, Virginie. "Préparation mentale: comment atteindre ses objectifs?". *Nutri-site*. Consultado el 24 de noviembre de 2016. http://www.nutri-site.com/dossier-entrainement--preparation-mentale-atteindre-objectifs-sportif--2--230.html
- Equipo de redacción de Allodocteurs, "Renforcer son mental pour se dépasser", 18 de junio de 2014. Consultado el 24 de noviembre de 2016. http://www.allodocteurs.fr/actualite-sante-renforcer-son-mental-pour-se-depasser_13738.html
- Ferrari, Michel. 2013. "Cinq techniques pour dépasser vos limitations mentales tout de suite". *Esprit riche*. Consultado el 24 de noviembre de 2016. http://esprit-riche.com/5-techniques-pour-depasser-vos-limitations-mentales-tout-de-suite/
- Gannac, Anne-Laure. 2008. "Êtes-vous plutôt cerveau gauche ou cerveau droit?". *Psychologies*. Mayo. Consultado el 24 de noviembre de 2016. http://www.psychologies.com/Moi/Se-connaitre/Personnalite/Articles-et-Dossiers/Etes-vous-plutot-cerveau-gauche-ou-cerveau-droit
- Garteiser, Marion. 2015. "Fumer: moins de QI et des risques de maladie d'Alzheimer". *E-santé*. 30 de octubre. Consultado el 24 de noviembre de 2016. http://www.e-sante.be/fumer-moins-qi-risques-alzheimer/actualite/470
- Green, C. Shawn y Daphne Bavelier. 2003. "Action Video Game Modifies Visual Selective Attention". *Nature*, vol. 423, 534-537.

- Hodent-Villaman, Célia. 2006. "Les jeux vidéo sont-ils bons pour le cerveau?". *Sciences humaines*. 14 de diciembre. Consultado el 24 de noviembre de 2016. http://www.scienceshumaines.com/les-jeux-video-sont-ils-bons-pour-le-cerveau_fr_15191.html
- Hug, Hélène. 2013. "PNL: comment déprogrammer, reprogrammer votre cerveau?". *Réussite possible*. 11 de junio. Consultado el 24 de noviembre de 2016. http://www.reussitepossible.com/pnl-deprogrammer-reprogrammer/
- Maltz, Maxwell. 1960. *Psycho-cybernetics: the original science of self-improvement and success that has changed the lives of 30 million people*. Nueva York: Paperback.
- Nutra News, "La Centrophénoxine stimule le cerveau et lutte contre son vieillissement", enero de 2015. Consultado el 28 de noviembre de 2016. http://www.nutranews.org/sujet.pl?id=415
- Passeport Santé, "Une pilule pour stimuler le cerveau des gens en bonne santé?", 2009. Consultado el 24 de noviembre de 2016. http://www.passeportsante.net/fr/Communaute/Blogue/Fiche.aspx?doc=une-pilu-le-pour-stimuler-le-cerveau-des-gens-en-bonne-sante
- Prigent, Anne. 2015. "Changer le mode de vie pour protéger son cerveau". *Le Figaro*. 27 de marzo. Consultado el 24 de noviembre de 2016. http://sante.lefigaro.fr/actualite/2015/03/27/23561-changer-mode-vie-pour-proteger-son-cerveau
- Rhumatologie en Pratique, "Y a-t-il des moyens efficaces d'augmenter ses performances intellectuelles pour un examen?", 15 de mayo de 2013. Consultado el 28 de noviembre de 2016. http://www.rhumatopratique.

com/wp/rp/2013/05/15/y-a-t-il-des-moyens-efficaces-daugmenter-ses-performances-intellectuelles-pour-un-examen-2/

- Rogelet, Agnès. 2004. "Comment muscler son cerveau". *Psychologies*. Abril. Consultado el 24 de noviembre de 2016. http://www.psychologies.com/Bien-etre/Prevention/Hygiene-de-vie/Articles-et-Dossiers/Comment-muscler-son-cerveau
- Soleille, Céline. 2014. "Quatre moyens originaux pour booster son cerveau". *La nutrition*. Septiembre. Consultado el 24 de noviembre de 2016. http://www.lanutrition.fr/bien-dans-son-age/adolescents/comment-manger-pendant-les-exams-/4-moyens-originaux-pour-booster-son-cerveau.html
- Wealth, Sylvain. 2013. "Cinq façons d'augmenter la rapidité et la puissance de votre cerveau". *Sylvain Wealth*. 30 de marzo. Consultado el 24 de noviembre de 2016. http://www.sylvainwealth.com/5-facons-daugmenter-la-rapidite-et-la-puissance-de-votre-cerveau.html
- Wealth, Sylvain. 2013. "Je me suis donné 1 an pour reprogrammer mon cerveau". *Sylvain Wealth*. 4 de septiembre. Consultado el 24 de noviembre de 2016. http://www.sylvainwealth.com/reprogrammer-son-cerveau.html
- Ybarra, Michele L., Marie Diener-West, Dana Markow, Philippe J. Leaf, Merle Hamburger y Paul Boxer. 2008. "Linkages between internet and other media violence with seriously violent behavior by youth". *Pediatrics*, vol. 122.

- Jouvent, Roland. 2013. *Le cerveau magicien. De la réalité au plaisir psychique*. París: Odile Jacob.

en50MINUTOS.es
Historia
Economía y empresa
Coaching
EL DIAGRAMA
DE ISHIKAWA
Material Método Máquina
Madre
Naturaleza Medida Hombres
Economía y empresa en50MINUTOS.es
LA GUERRA DE
PALESTINA DE 1948
DOMINA
EL ARTE DEL
NETWORKING